Tiovivos

Grace Hansen

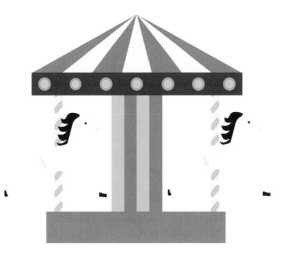

EN EL PARQUE DE ATRACCIONES

Abdo Kids Jumbo es una subdivisión de Abdo Kids
abdobooks.com

abdobooks.com

Published by Abdo Kids, a division of ABDO, P.O. Box 398166, Minneapolis, Minnesota 55439.
Copyright © 2019 by Abdo Consulting Group, Inc. International copyrights reserved in all countries.
No part of this book may be reproduced in any form without written permission from the publisher.
Abdo Kids Jumbo™ is a trademark and logo of Abdo Kids.

102018

012019

 THIS BOOK CONTAINS RECYCLED MATERIALS

Spanish Translator: Maria Puchol

Photo Credits: Getty Images, Granger Collection, iStock, Shutterstock, ©Hudacko p.17/CC BY-SA 3.0

Production Contributors: Teddy Borth, Jennie Forsberg, Grace Hansen

Design Contributors: Dorothy Toth, Laura Mitchell

Library of Congress Control Number: 2018953930
Publisher's Cataloging-in-Publication Data

Names: Hansen, Grace, author.

Title: Tiovivos / by Grace Hansen.

Other title: Carousels

Description: Minneapolis, Minnesota : Abdo Kids, 2019 | Series: En el parque de
    atracciones | Includes online resources and index.

Identifiers: ISBN 9781532183805 (lib. bdg.) | ISBN 9781532184888 (ebook)

Subjects: LCSH: Merry-go-round--Carousel--Juvenile literature. | Amusement
    rides--Juvenile literature. | Amusement parks--Juvenile literature. | Spanish
    language materials--Juvenile literature.

Classification: DDC 791.068--dc23

Contenido

La pequeña batalla

Hacia el año 1100 los cruzados italianos veían que jinetes árabes se entretenían con un juego. Los jinetes se lanzaban unos a otros bolas de arcilla. La meta era que la bola no se rompiera.

5

El juego no siempre era divertido. Los italianos lo llamaron *carosello*, que significa "pequeña batalla". Poco después se hizo popular en toda Europa.

El primer tiovivo

Hacia el año 1600 los franceses organizaban torneos de lanzas. Para entrenarse, fijaban caballos de madera a un poste central, al que le daban vueltas. Colgaban pequeños aros de los postes para practicar con las lanzas.

9

Los primeros tiovivos o carruseles se diseñaron siguiendo ese aparato de entrenamiento francés. Hacia finales de 1700 ya se veía esta atracción en muchas ferias. Lo movían personas o caballos.

Más grandes y mejores

En 1861 se fabricó el primer

tiovivo con motor a vapor.

Lo inventó el inglés,

Thomas Bradshaw.

En 1870, Frederick Savage inventó un aparato nuevo. Éste permitía que los caballos subieran y bajaran. Así parecía que los caballos estaban galopando.

Los tiovivos clásicos tienen animales de madera tallados y pintados a mano. Salvatore Cernigliaro hizo animales para la compañía de Tiovivos Dentzel. Se hizo famoso por su trabajo.

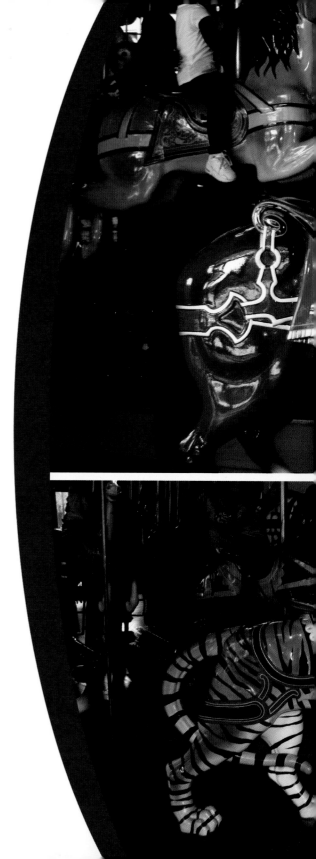

Los tiovivos de hoy en día son grandes, con muchas luces y ruidosos. A menudo se puede escuchar música de circo mientras el tiovivo da vueltas.

El tiovivo más grande del mundo
está en Spring Green, Wisconsin.
Tiene más de 20,000 luces. ¡Hay
más de 269 animales para elegir!

Más datos

- En la actualidad, los animales de los tiovivos a menudo están hechos de **fibra de vidrio** en lugar de madera.

- El Zoológico Nacional de la Institución Smithsonian en Washington tiene uno de los pocos tiovivos que funciona con **energía solar**.

- Muchos de los animales del tiovivo del Zoológico Nacional representan **especies en peligro de extinción**. Así llaman la atención sobre este problema.

Glosario

cruzado – combatiente de las cruzadas en la Edad Media (1095-1291). Las cruzadas fueron una serie de campañas militares donde los católicos europeos trataron de recuperar Tierra Santa de los musulmanes.

energía solar – energía generada por los rayos del sol.

especie en peligro de extinción – especie animal que corre el riesgo de desaparecer.

fibra de vidrio – filamentos de cristal muy finos con los que se puede moldear y crear un material sólido y fuerte.

jinete – persona hábil en la monta de caballos. Hace mucho tiempo, los jinetes eran a menudo guerreros.

Índice

Abdo Kids
ONLINE
FREE! ONLINE MULTIMEDIA RESOURCES

¡Visita nuestra página
abdokids.com y usa este código
para tener acceso a juegos,
manualidades, videos y mucho más!

Código Abdo Kids:
ACK8006